DE SENECTVTE

DE SENECTVTE

QUINO

Papel certificado por el Forest Stewardship Council®

Primera edición: septiembre de 2021
Primera reimpresión: junio de 2024

Travessera de Gràcia, 47-49. 08021 Barcelona

Printed in Spain – Impreso en España

ISBN: 978-84-264-1013-9
Depósito legal: B-9.069-2021

Compuesto en M. I. Maquetación, S. L.
Impreso en Liber Digital, S. L. (Casarrubuelos, Madrid)

H 4 1 0 1 3 A

NO VAYAS A OFENDERTE, ELCIRA, PERO ¿NOSOTROS ÉRAMOS AMIGOS, PARIENTES, ESPOSOS O QUÉ?

¡PUUUH!... TODOS, M'HIJITO.

¿RECUERDAS AQUELLA TARDE DE VERANO DE 1953, LOS DOS SOLOS EN EL BOSQUECITO?

BAJO AQUEL EUCALIPTO...
¡QUÉ PICARONES!

¡OTRA VEZ TE OLVIDASTE DE PLANCHARLE EL VESTIDO A DORITA, MAMÁ! ¿CREEN QUE TRAJE A MI MUJER A VIVIR EN ESTA CASA PARA QUE HAGA DE SIRVIENTA? ¡ADEMÁS, PAPÁ, SABES MUY BIEN QUE A DORITA LA ENFERMA QUE USES TANTO EL BAÑO! ¡¡VEINTE AÑOS REPITIÉNDOLES LO MISMO, Y NADA!!

BAJO AQUEL EUCALIPTO...
¡¡QUÉ IMBÉCILES!!

Sr. Adan Poveruomo
Estimado Señor:
de acuerdo a su
fecha de nacimiento, que obra en
mi poder, y teniendo en cuenta
que ha seguido Ud. un normal y sano
desarrollo biológico...

... me complace comunicarle que ha logrado
superar con salud una importante etapa:
en efecto, su juventud está definitivamente
terminada.

Siendo este un proceso irreversible, tal cual lo dispone la
Ley de la Naturaleza, queda Ud. promovido al periodo
de existencia inmediato superior.
Sin otro particular, lo
saluda muy atte.
La Vida

...promovido al periodo de existencia inmediato superior..

¡¡HURRA!!
GIN SEN

¿SOLITA, PRECIOSA? ¿NO DESEA QUE LE LEA EL RESULTADO DE MIS ÚLTIMOS ANÁLISIS?

Cognac
Dr. Silliw
Radiólogo

VEA, DOCTORA, LE SOY FRANCA: YO SIGO MUY ATENTAMENTE TODAS ESTAS CAMPAÑAS QUE ALERTAN SOBRE LOS RIESGOS DE CONTRAER EL SIDA, Y USTED PERDONE, ¿NO?, PERO SÉ QUE AQUÍ, EN UN CONSULTORIO, ESOS RIESGOS EXISTEN, ¡Y MUCHO!, ASÍ QUE YO FUI, COMPRÉ Y TRAJE. PERO LO QUE SINCERAMENTE NO ENTIENDO ES DÓNDE DIABLOS DEBEMOS COLOCARNOS ESTOS BENDITOS PRESERVATIVOS. ¿USTED UNO EN CADA DEDO?, ¿YO EN LOS DIENTES?... ¿DÓNDE, DOCTORA, DÓNDE?

DISCULPE, JOVEN, ¿QUÉ HORA TIENE, POR FAVOR?

LAS 12 Y 45, SEÑORA.

¡¡SINVERGÜENZA!!

¡SEPA QUE YA ESTA MAÑANA PREGUNTÉ, Y LA HORA ESTABA A MUCHO MENOS! ¡¡A MUCHO MENOS, ESTABA LA HORA!!

PE... PERO... ¡¡SEÑORA, USTED SABE BIEN QUE EL TIEMPO PASA!!

¡TENGO MENOS AÑOS DE LOS QUE USTED SUPONE, SI ES ESO LO QUE QUIERE INSINUAR! ¡¡INSOLENTE!!

¡DIOS MÍO! ¿QUÉ LE HAN HECHO A LA GENTE, QUE CADA VEZ ESTÁ PEOR?

HMM... NOSSÉ.
¿YO? ¡NI IDEA!
NO, M'HIJO...
ESTOMM... PARECIERA SER UN JIRÓN DE ORLLUGO... NO, OGRULLO... NO, ¿CÓMO SE LLAMABA? ESO QUE UNO SENTÍA POR SU PAÍS, POR UNO MISMO... ¿CÓMO ERA?
¡QUÉ LINDO! ¡YO QUIERO SENTIR ESO DE LO QUE HABLA EL ABUELO! ¡CUÉNTENME! ¿CÓMO ERA, CÓMO ERA?
¿¿CÓMO ERA??

¡¡DING-DONG!!.......

SEÑOR...
SÍ, GASTÓN
SUS IDEALES DE JUVENTUD.

¿OTTTRA VEZ?... ¡¡NO ESTOY!!
¡¡DÍGALES QUE NO ESTOY!!

SE LOS DIJE, SEÑOR, PERO USTED SABE: SON IDEALES JÓVENES, LLENOS DE FE. SE QUEDAN ESPERANDO SU REGRESO TODO EL TIEMPO DEL MUNDO.

¡ENTONCES DÍGALES QUE ESTOY, PERO QUE NO QUIERO VERLOS! ¡QUE SON ANTIGUOS, RIDÍCULOS: AMOR, PAZ, JUSTICIA, IGUALDAD, HONRADEZ... ¡¡HOY ESO NO SE LO CREE NI YO NI NADIE!! ¡¡DÍGALES QUE NO TENGO YA NADA QUE VER CON ELLOS!!

TAMBIÉN SE LOS DIJE, SEÑOR, PERO NO ME CREEN. DICEN QUE NO ES POSIBLE; QUE USTED JURÓ NO ABANDONARLOS JAMÁS.

AH, ¿SÍ? ¡PUES SÉ DEFENDERME MUY BIEN DE MIS PROPIOS ERRORES! ¡¡AHORA VERÁN!!...

¡PAWG!
¡PAWG!
¡PAWG!
¡PAWG!
¡PAWG!

¡IDEALES DE JUVENTUD! ¡JA! ¡¡NI UNO, QUEDÓ!!

NO CANTE VICTORIA EL SEÑOR; SABEMOS QUE RESUCITAN.

¡QUÉ VA! ¡UN WHISKY, GASTÓN! ¡¡ME LO HE GANADO!!

ESTA VEZ ESTOY SEGURO DE HABER TERMINADO CON ESOS ESTÚPIDOS IDEALES...

... DE JUVENTUD PARA SIEM..........
PR...

GASTÓN, MIRE, EL WHISKY... MEJOR TODA LA BOTELLA, TRÁIGAME.

MEMOREX

MEMOREX

MEMOREX

ACÁ, O SE ENTIENDE DE UNA BUENA VEZ QUE
EL TIEMPO ES UN PELIGRO PÚBLICO Y SE TOMAN MEDIDAS
O SOSPECHO QUE TERMINAMOS MAL, ¡EH!

SEÑOR, EL BAÑO ESTÁ LISTO...

¡¡AH, PERO YO LO DESPIDO, ¿EH?!!
¡¡NI BIEN PODAMOS DEVOLVERLE SUS COCHINOS AHORROS QUE NOS PRESTA PARA VIVIR, LO DESPIDO!!...

¡¡¡ME CALUMNIABAN!!!

¡NO, ABUELO, NO! ¡LA DUCHA ESTÁ EN OTRO LADO! ¡VENGA, VENGA, QUE LO ACOMPAÑO!

air
air

¡POR NOSOTROS!... METIDOS EN ESTA FAMILIA DE LOCOS QUE INSISTE EN CREER QUE HAS MUERTO, PORQUE, ¡POBRES!, NO HAN ENTENDIDO TODAVÍA PARA QUÉ SIRVE EL AMOR.

EN UN ATAQUE DE NOSTALGIA POR RECUPERAR MI INFANCIA, DECIDÍ IR A VER SI POR CASUALIDAD LA REENCONTRABA EN LA HELADERÍA A LA QUE IBA SIEMPRE DE CHICO.

NO VEÍA LA HORA DE VOLVER A COMPARTIR CON MI NIÑEZ AQUELLOS FABULOSOS SUPERHELADOS CUÁDRUPLES, DE FRUTILLA, CHOCOLATE, LIMÓN Y... ¡SANDÍA!

HASTA LE LLEVÉ UN REGALITO: EL OSITO DE PELUCHE, AQUEL QUE TANTO LE GUSTABA LLEVARSE A LA CAMA.

¿VENDRÁ?

ALGUIEN VIENE, PERO NO PARECE MI NIÑ.......

POR FAVOR... UN SUPERHELA... UN SUPERHELADO, POR FAVOR... UN SUPERHELADO CUÁDRUPLE DE... DE... DE... DRUPLE DE FRUTILLA, CHOCOLATE... LIM... LIM... MÓN Y ESTEM... COLATE, LIMÓN Y... Y... ¡SANDÍA! ESO...
¿QUÉ DIJE? ¡AH, SANDÍA, SÍ, ESO ES!

¡¡Y NO ME ANIMÉ A PREGUNTARLE QUIÉN ERA!!

DIGO YO: EN LUGAR DE SENTIRNOS EN EL OTOÑO DE LA VIDA, ¿NO SERÍA MUCHO MÁS OPTIMISTA PENSAR QUE ESTAMOS...
... EN LA PRIMAVERA DE LA MUERTE?

CRÉAME QUE LUEGO DE COMPARTIR CON USTED TANTOS AÑOS DE TRABAJO NOS RESULTA MUY PENOSO DEBER NOTIFICARLE QUE DE ACUERDO A LA ÚLTIMA REESTRUCTURACIÓN DE LA EMPRESA USTED HA SIDO DECLARADO "*PERSONAL OBSOLETO*".

RELOJ
RELOJ
RELOJ

¡PERO NO, ABUELO, ESE SOMBRERO NO!
¿NO VE QUE ESTE ES DISTINTO?
AHORA LE TRAIGO EL OTRO, EL QUE ES IGUAL.
AHÍ ESTÁ, ¿VE COMO ESTE ES IGUAL?
¡POBRE ABUELO! ¡YA NO ENTIENDE NADA!
ME PREGUNTO SI CON LOS AÑOS TAMBIÉN YO SERÉ UN HOMBRE VIEJO COMO ÉL...

¡SEXO! ¡SEXO!... ¡¡YO NO SÉ DÓNDE LOS JÓVENES TIENEN HOY LA CABEZA!!

Nanette

MEMOREX

¡MAMÁ! ¡¡MAMÁ!!

¿A QUÉ HORA TERMINAS ESA SOPA?
¿A QUÉ HORA CREE QUE COMIENZA LA CLASE?
¿A QUÉ HORA SE SUPONE QUE UD. DEBE ESTAR EN ESTA OFICINA?

¿A QUÉ HORA LLEGASTE ANOCHE?
¿A QUÉ HORA DESOCUPAS EL BAÑO, ABUELO?
¿A QUÉ HORA LE DIJE QUE TOMARA EL ANTIBIOTICO?

¿Y A QUÉ HORA FUE?

¿CIRUGÍA PLÁSTICA YO? NO, NO NECESITO DE ESAS PICARDÍAS MODERNAS
PORQUE NO SOY DE LA ÉPOCA QUE USTEDES SUPONEN. SI NO ME VIERON POR
ALGÚN TIEMPO FUE PORQUE DECIDÍ ASÍ, DE SOPETÓN, IRME A VISITAR EL VIEJO
CONTINENTE. RUPERTITO ME LLEVÓ CON SU *VUATURÉ* AL AERÓDROMO Y AHÍ
ME TOMÉ EL AEROPLANO HASTA LA CIUDAD DE LA LUZ. ¡QUÉ MOZOS CHURROS
ESTOS GALOS, ¡EH! Y LAS CHICAS, QUÉ PRESTANCIA... ¡UN FIGURÍN!

20¢
20¢
20¢
20¢

2
+2
5
2
+2
5

¡BRRRRMM!...

¡CLICK!
¡CLICK!
¡CLICK!

¡OOOAAAA.........HIOO-HIOOO!

¡¡HAAAAAAAAAOOOOOOOOOOOAAAAAAAAAAAAH!!...

Querido abuelito:
aprovecho la
gentileza del portador de la presente
para hacerte llegar una vez más
mi cariñoso
saludo y
desearte que
DISCULPE, YA QUE VA PARA ALLÁ, ¿PUEDO PEDIRLE UN FAVOR?

POS

¡¡¡OTTTTRA VEZ EL ABUELO CON LA COMPUTADORA DE RICARDITO!!!...

K-3
Z-1

obvido cuando fuim
mamá nos compró
a mis primos tam
mos el tranqui
zapatos
lquiler — 70
anillos

NO, NADA; COSAS DE LA ABUELA, QUE SE PASA HORAS EN
SU MECEDORA, PENSANDO, Y DEJA LUEGO SUS RECUERDOS
DESPARRAMADOS POR CUALQUIER PARTE.

DING-DOONG...
VOOOY...
¡MÓNICA! ¿VOS ENCARGASTE UN BEBÉ?
¿YO, UN BEBÉ? ¡TE HABRÍAS ENTERADO, ¿NO?!
¡NO SÉ, MUJER! ¡¡CON TANTO BANCO DE SEME Y TANTA PROBETA, VAYA UNO A ENTERARSE!!
PERO, Y ENTONCES, ¿QUIÉN PUEDE HABER SID.........
¡¡FLOREENCIAAA!! VENÍ, TESORO.
¿SÍ?
¡¡OH, NOOO!! ¡¡QUÉ TARADA!!... ¡¡PERO QUÉ B... TARADA!!
¡¡ME OLVIDÉ DE ABORTAR!! ¡¡ME OLVIDÉ DE ABORTAR COMO UNA IMBÉCIL!!
¡AY, NENA, TAMBIÉN VOS!... ¡ENCARGAR UN BEBÉ SIN AVISAR!... ¡¡FRANCAMENTE!!...
¡Y, SÍ!... CUANDO SALÍA CON NAHUEL FACUNDO... ¡QUÉ SÉ YO!... NOS PARECIÓ DIVERTIDO.
CLARO, AHORA QUE SALGO CON JUAN MANUEL NO SÉ SI A ÉL LE HARÁ GRACIA SER PADRASTRO DE UN BEBASTRO, ¡YO QUÉ SÉ!...
¡YO SÍ SÉ! ¡Y TE DIGO QUE YO DE ESTE BEBÉ NO PUEDO OCUPARME!!
¡¡PERO MAMI, YO TAMPOCO!! ¡¡TENGO QUE TERMINAR EL SECUNDARIO!!
¡BUENO! ¿Y ENTONCES?
¡YA ESTÁ! ¡¡LA ABUELA!! ELLA CRIÓ A VARIOS, ¿NO? ¿QUÉ LE HACE, UNO MÁS?
ABUEELAA... NONNIIINAAA... ¿NO LE GUSTARÍA TENER...
... UN BEB...!!
¡MIRÁ VOS!... ¡EGOÍSTA COMO SIEMPRE, LA VIEJA!!

¡FÚH!

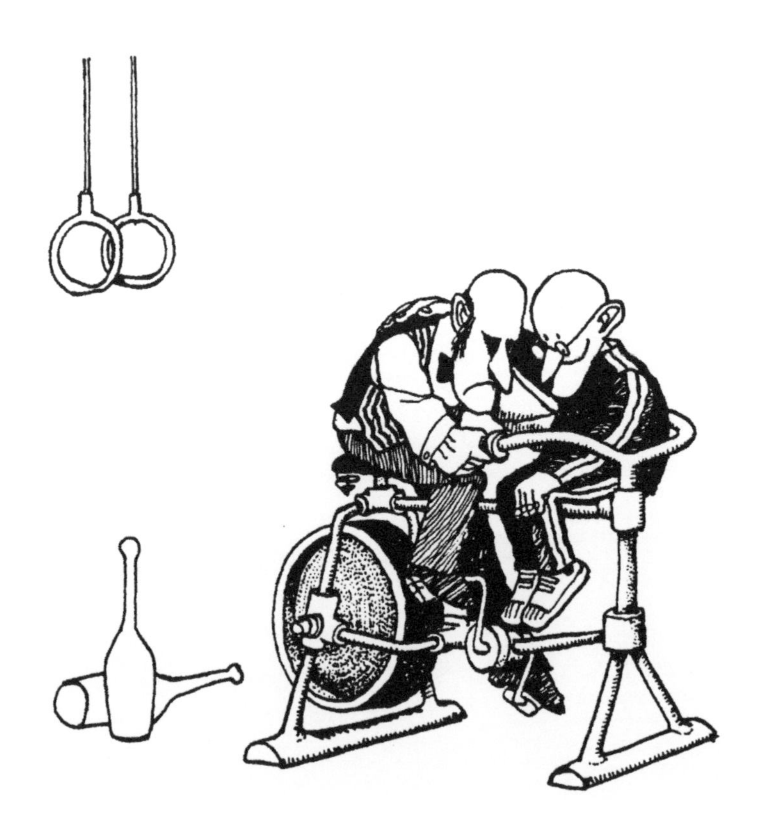

Mis Memorias

¡CIELOS, MI MARIDO!
¡¡NOOO, NOOO!!
¡AJHAA..!
¡MIS GALLETITAS! ¡OTRA VEZ COMIENDO MIS GALLETITAS! ¡DALE CON MIS GALLETITAS! ¡¡SIEMPRE MIS GALLETITAS!!...

ZONA OESTE

EDISON PALACE: "TARZÁN"

(apta p. tod. púb.) Cont. Loc. s. num. Not. Pan.

¡UY, "TARZÁN"!

CON LOS AÑOS QUE TIENE, ES LÓGICO QUE ATRASE UN POQUITÍN.

¡SOCORRO!

¡QUÉ COSA, LA MUERTE!... ¡CÓMO UNO NO SE ACOSTUMBRA!...
SE ACOSTUMBRA, SE ACOSTUMBRA...

¿SE ACOSTUMBRA?
DE JOVEN, NO. PERO LUEGO, CON LOS AÑOS, SÍ QUE SE ACOSTUMBRA.

LE DIGO MÁS: YO ESTOY TAN ACOSTUMBRADO QUE AHORA, CADA VEZ QUE VOY AL CEMENTERIO, ME LLEVO MI CEPILLO DE DIENTES POR SI TUVIERA QUE QUEDARME YA PARA SIEMPRE AHÍ. ¡MIRE SI SE ACOSTUMBRA UNO!

¿CEPILLO DE DIENT...? PERO... ¿PARA QUÉ LE SERVIRÍA, DISCULPE?

¿POR QUÉ NO SE ACOSTUMBRA A SER MENOS CRUEL CON LA GENTE?

10

MAMÁ, ¿VOZ VAZ A EZTAD ZIEMPDE ZIEMPDE CON EZTE NENE?

¡SÍ, HIJITO! ¡¡MAMÁ VA A ESTAR SIEMPRE SIEMPRE CON ESTE NENE!!

¡MENTIDOZA!

CAROLA

150ºº
150ºº
60ºº
60ºº
23ºº
23ºº

0,10

DISCULPE, JOVEN, ¿NO VIO POR AQUÍ UNAS ILUSIONES?

¿ILUSIONES? NO, NO. ¿ILUSIONES DE QUÉ?

¡¡DE TRIUNFAR EN LA VIDA, ERAN!! ¡¡Y MUCHAS: DOS PUÑADOS DE ILUSIONES!!
¿AJHA?

ESO SÍ, PEQUEÑITAS. PERO PEQUEÑITAS PEQUEÑITAS, ¡EH! ¡ASÍ HABÍAN QUEDADO!

¡TAN GRANDES QUE ERAN!.. SE ME FUERON ACHICANDO... ACHICAAANDO... Y UNA VEZ MUERTAS NI LE CUENTO. ¡¡OTRA QUE ILUSIONES!!... ¡¡PIOJOS, PARECÍAN!!...
¡PERO AUN ASÍ LES TENGO CARIÑO!

¿¿CÓMO MUERTAS?? ¿¿ESTAS SON ILUSIONES MUERTAS??
¡¡AH, PERO, ENTONCES, USTED...!!
¡SÍ, YO...!...

¡TÓMELAS, ABUELO!... ¡PERDÓNEME! ¡YO NO SABÍA!... YO... YO... ¡¡PERDÓNEME!!...

¡¡MUERTAS, QUÉ ASCO!! ¡¡AHORA QUIÉN SABE A CUÁNTO ME SALE MANDAR ESTA PORQUERÍA AL LAVADERO!!...

¡CÓMO CAMBIA UNO!...

DE JOVEN CREE QUE PUEDE CAMBIAR EL MUNDO... EN CAMBIO, ES EL MUNDO EL QUE NOS CAMBIA.

Y ES QUE EL MUNDO NO CAMBIA NUNCA. BASTA LEER LA HISTORIA DE LA HUMANIDAD PARA VER QUE SIEMPRE FUE IGUAL.

ESO CUANDO SE LEÍA, CLARO. PORQUE ¿QUIÉN LEE HOY? ¡NADIE! ¿Y POR QUÉ?

¡PORQUE SE HA CAMBIADO TODO! ¡HOY EL MUNDO NO ES LO QUE ERA! ¡YA NO HAY VERGÜENZA, NI MORAL, NI NADA! ¿SE PUEDE SEGUIR ASÍ? ¡NO, SEÑOR! ¡AQUÍ HAY QUE CAMBIAR TODO!

¡Y SI USTEDES LOS JÓVENES NO EVITAN QUE ESTE MALDITO CAMBIO SIGA, EL MUNDO NO CAMBIARÁ JAMÁS!

¡ES INÚTIL!... LOS JÓVENES NUNCA SUPIERON ESCUCHAR LA VOZ DE LA EXPERIENCIA!

BUENOS DIAS
BUENOS DÍAS. ¿EL SEÑOR DESEA?
QUISIERA UN POCO DE DIGNIDAD, POR FAVOR.
¿DE QUÉ TALLE?
COMO PARA MÍ.
MMH... ¡NO!
NOS QUEDA SOLO ALGO DE DIGNIDAD INFANTIL.
DIGNIDAD ADULTOS ESTÁ FALTANDO.
PERO... RECIBIRÁN, ¿VERDAD? PORQUE VIVIR SIN DIGNIDAD... ¡¡SERÍA TERRIBLE!!
¡SEGURO QUE SI! DESE UNA VUELTA DENTRO DE DOS Ó TRES SEMANAS.
NOS VEREMOS, ¡GRACIAS!
A USTED.
¿QUIÉN SE ANIMA A DECIRLE QUE LA FÁBRICA ESTÁ CERRADA POR ESCASEZ DE MATERIA PRIMA? ¡¡POBRE ABUELO!!

¡UAU, ABUELO! ¿TE HAS LEÍDO TODOS ESTOS LIBROS?
TODOS; LES HE DEDICADO MI VIDA.
HE ESTUDIADO MUY A FONDO QUIÉNES FUERON LOS EGIPCIOS, LOS PERSAS, LOS GRIEGOS, LOS ETRUSCOS, LOS ROMANOS...
...Y TAMBIÉN QUIÉNES FUERON LOS MAYAS, LOS AZTECAS, LOS INCAS...
¿Y NOSOTROS, ABUELO? ¿QUIÉNES SOMOS NOSOTROS?
¿Y EL ABUELO?
EN LA BIBLIOTECA, LLORANDO.

BUENO, Y AHORA QUE SÉ TANTO, ¿**QUÉ**?

...Y ESTE ES EL CUARTO EN EL QUE LA ABUELA ESTABA SIEMPRE CON SUS AGUJAS.

¡MAMÁ,
TENGO NÁUSEAS!
¿NÁUSEAS?
DEJALO.
MEJOR QUE SE ACOSTUMBRE
DESDE CHIQUITO.

12
TAXI

¡¡FUEEEGOOO, SOCOORROO!!
¡¡INCENDIO, AUXILIOOOO!!...
¡FSSSHHH!
¡¡JHA!!
BOMBERO JUBILADO, POBRE.
HAY QUE AYUDARLO A QUE NO
EXTRAÑE TANTO SU HEROÍSMO.

¡¡YA TUVIERON QUE CONTARME EL FINAL!!

¡PONK!
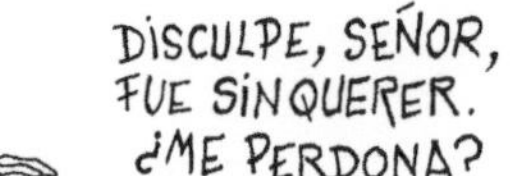

DISCULPE, SEÑOR, FUE SIN QUERER. ¿ME PERDONA?

¡PERO SÍ QUE TE PERDONA, HIJITO! ¡EL ABUELO ES BUENO!

¿POR QUÉ LO ENGAÑA? ¡¡NADIE ES BUENO!!

♪ VAAAMOS, ABUEEEELO: ♫ ¡HAY CANTIDAD DE GENTE BUENA!

¡¡MENTIRA!! ¡¡LA HUMANIDAD HA SIDO, ES Y SERÁ SIEMPRE UN ASCO!!

¿CÓMO UN ASCO? JESUCRISTO, MAHATMA GANDHI, MARTIN LUTHER KING... NO FUERON BUENA GENTE?
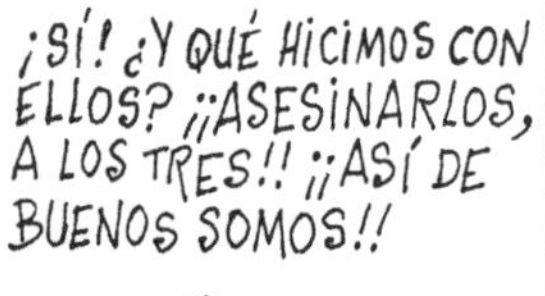

¡SÍ! ¿Y QUÉ HICIMOS CON ELLOS? ¡¡ASESINARLOS, A LOS TRES!! ¡¡ASÍ DE BUENOS SOMOS!!

PERO... ESTÁN LA MADRE TERESA DE CALCUTA... ¡¡EL PAPA!!
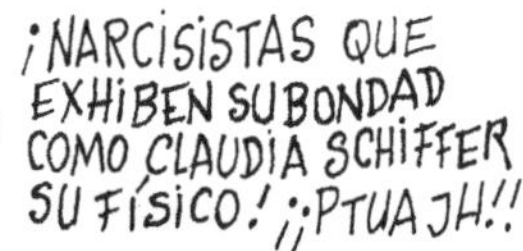

¡NARCISISTAS QUE EXHIBEN SU BONDAD COMO CLAUDIA SCHIFFER SU FÍSICO! ¡¡PTUAJH!!

BUENO, ¡¡TAMPOCO EXAGEREMOS, EEEH!!
¡YO NO EXAGERO, SOLO QUE NO SOY HIPÓCRITA COMO TODO EL MUNDO!

¡¡MAH, SSÍÍÍ!! ¡¡MORITE, VIEJO INSENSIBLE!! ¡¡NO MERECÉS TODO LO QUE LOS DEMÁS HAN HECHO POR VOS!!

¡¡BAZOFIA INMUNDA!! ¡¡DESAGRADECIDO!!

Y VOS... ¡¡ANDÁ APRENDIENDO CÓMO TRATAR A ESTOS PODRIDOS PESIMISTAS NEGADORES DE LA BONDAD HUMANA!!

CAPERUCITA
PINOCHO

PERO EN CASA NO NOS DABA YA EL PRESUPUESTO NI PARA SUS MEDICINAS.

ASÍ PUES, DEBIMOS TRANSFERIRLO A NONNO-RENT, UNA EMPRESA PRIVADA QUE ALQUILA ABUELOS POR HORA A FAMILIAS QUE NO LOS TIENEN.

LOS ABUELOS NO RECIBEN NINGÚN DINERO POR ELLO, PERO NONNO-RENT LES DA ALBERGUE, COMIDA Y SANIDAD.

Y SI ALGUNO ES CONTRATADO PARA UN SPOT PUBLICITARIO, HASTA PUEDE PASARLA BIEN.

EN CASA LO EXTRAÑAMOS HORRORES, AL ABUELO, CLARO, SOBRETODO LOS CHICOS.

PERO EN ÉPOCA DE VACACIONES, CUANDO NADIE QUIERE NI VER A UN ANCIANO, A VECES NOS LO PRESTAN UNOS DÍAS... ¡Y ES UNA FIESTA FAMILIAR!

¡VAYA!... ¡FINALMENTE UNA HISTORIA CON FINAL FELIZ EN ESTA PÁGINA!...

PERDÓN, PAPÁ, PERO NO PUEDO ESPERAR UN SIGLO. EL BAÑO, ASÍ QUE DE AFEITARTE TERMINAS LUEGO, ¿SÍÍÍ?
¡¡UFFFA, MA'!!... ¿ACOMPAÑAR OTTTRA VEZ A ESE VIEJO AL BANCO?¡¡ ¿POR QUÉ?!!
PORQUE ES TU ABUELO.
¡¡NOOO, ABUELO, AQUÍ NO; ESTÁN POR LLEGAR MIS AMIGAS!!
ALC

¡NUESTRO PARTIDO ESTÁ CON EL CAMBIO!
¡NUESTRO PARTIDO ESTÁ CON EL CAMBIO!
¡NUESTRO PARTIDO ESTÁ CON EL CAMBIO!
¡CÓMO CAMBIA LA GENTE!... ANTES ESTABA CON NUESTRO PARTIDO.

¡ETE JUGUETE EZ UNA ! ¡¡EZO EZ ETE JUGUETE!!
¡¡ESA ESCUELA DE ES UNA !!
¡¡AQUÍ TODO ES UNA !!
¡NOS CASAMOS, AUNQUE MI SUELDO SEA UNA !!
¡¡A VER SI APAGAN YA ESA !!
COMPRENDO, DOCTOR... ¡¡SOY UN VIEJO CON UNA SALUD DE !!
¡¡FINALMENTE DEJO ESTE MUNDO DE TRAS UNA VIDA DE !!...
¡ARREPIÉNTETE DE TUS BLASFEMIAS! ¿NO TEMES SER CASTIGADO?
¿CASTIGADO YO? ¡¡JAH!! ¡¡UNA !!

PELEAMOS AQUELLA GUERRA ODIANDO AL ENEMIGO CON ENTUSIASMO JUVENIL,
SIN PENSAR QUE EL ENEMIGO PODÍA LLEGAR A SER UN DÍA UN INTERESANTE
MERCADO PARA NUESTROS PRODUCTOS. ¿Y POR QUÉ NO LO PENSAMOS?
PORQUE NOS SENTÍAMOS MÁS UNA PATRIA QUE UN PAÍS EXPORTADOR.
¿NO ES PARA REÍRSE, QUÉ POCO OLFATO TIENE UNO CUÁNDO ES JOVEN?

DISCULPE, JOVEN, ¿ESTE PAÍS TIENE SALIDA AL FUTURO?

POR SUPUESTO. PARA TERCERA EDAD, PISO 14. AL SALIR DEL ASCENSOR, ENFRENTE VERÁ LA PUERTA.

AH, Y NO ESTARÁ CERRADA, ¿NO?

¡NOOOO, CON PICAPORTE NOMÁS! ¡VAYA TRANQUILO, ABUELO!

14

14

TVN
¡BUEH!... HABIENDO VISTO Y OÍDO EL NOTICIERO...
...Y REFLEXIONADO HONDAMENTE SOBRE DESOCUPACIÓN, CORRUPCIÓN, DESMANTELAMIENTO DE LA SANIDAD PÚBLICA, DESNUTRICIÓN INFANTIL...
...RACISMO, ATENTADOS, DESTRUCCIÓN ECOLÓGICA, GENOCIDIOS Y DEMÁS ACONTECERES HUMANOS...
...UN SERVIDOR COMUNICA A SU FAMILIA QUE, POR ESTA NOCHE, HA DECIDIDO EMBORRACHARSE EN DEFENSA PROPIA.
¡SALUD!

PUES YO NO PIENSO DEJAR ESTE MUNDO SIN ANTES HACERME UN TEST DE ORIENTACIÓN VOCACIONAL PARA AVERIGUAR DE QUÉ OTRA FORMA PODRÍA HABER DESPERDICIADO MI VIDA.

Joaquín Lavado, **Quino**, nació el 17 de julio de 1932 en Mendoza, Argentina, en el seno de una familia de emigrantes andaluces. Descubrió su vocación como dibujante a los tres años. En 1954 publica su primera página de chistes en el semanario bonaerense *Esto es*. En 1964, su personaje Mafalda comienza a aparecer con regularidad en el semanario *Primera Plana*. El éxito de sus historietas le brinda la oportunidad de publicar en el diario nacional *El Mundo* y será el detonante del boom editorial que se extenderá por todos los países de lengua castellana. Tras la desaparición de *El Mundo* y un año de ausencia, Mafalda regresa a la prensa gracias al semanario *Siete Días* en 1968, y en 1970 llega a España de la mano de Esther Tusquets y de la editorial Lumen. En 1973 Mafalda y sus amigos se despiden para siempre de sus lectores. Se han instalado esculturas del personaje en Buenos Aires, Oviedo y Mendoza. Lumen ha publicado los once tomos recopilatorios de viñetas de Mafalda, numerados de 0 a 10, y también en un único volumen —*Mafalda. Todas las tiras* (2011)—, así como las viñetas que permanecían inéditas y que integran junto al resto el libro *Todo Mafalda*, publicado con ocasión del cincuenta aniversario del personaje, y las recopilaciones *Mafalda. Femenino singular* (2018), *Mafalda. En esta familia no hay jefes* (2019), *El amor según Mafalda* (2020), *La filosofía de Mafalda* (2021), *Mafalda presidenta* (2022) y *Mafalda para niñas y niños* (2023). También han aparecido en Lumen los libros de viñetas humorísticas del dibujante, entre los que destacan *Mundo Quino* (2008), *Quinoterapia* (2008), *Simplemente Quino* (2016), el volumen recopilatorio *Esto no es todo* (2008) y *Quino inédito* (2023).

Quino ha logrado tener una gran repercusión en todo el mundo, sus libros han sido traducidos a más de veinte lenguas y dialectos (los más recientes son el armenio, el búlgaro, el hebreo, el polaco y el guaraní), y ha sido galardonado con premios tan prestigiosos como el Príncipe de Asturias de Comunicación y Humanidades y el B'nai B'rith de Derechos Humanos. Quino murió en Mendoza el 30 de septiembre de 2020.

Este libro acabó de imprimirse
en Madrid en junio de 2024.